Fran
Fernández
Álvarez

TODOS LOS NOMBRES BEBEN

TOLOS NOMES BEBEN

Fran
Fernández
Álvarez

TODOS LOS NOMBRES BEBEN

TOLOS NOMES BEBEN

II PREMIO DE POESÍA LETRAVERSAL

VERSIÓN BILINGÜE
asturiano/castellano

amadrinado por
Juan Carlos Panduro

TODOS LOS NOMBRES BEBEN / TOLOS NOMES BEBEN
Fran Fernández Álvarez

◆

Colección: Letra Bastarda, 33
Primera edición: septiembre 2024

◆

© 2024, de los poemas, Fran Fernández Álvarez
© 2024, del prólogo, Juan Carlos Panduro
© 2024, del epílogo, María García Díaz
© 2024, de la cubierta, Carme Ayala
© 2024, de esta edición, Letraversal

◆

Dirección editorial: Ángelo Néstore
Diseño: Martín de Arriba
Maquetación: Letraversal
Ayuda a la edición: Noa González Sirgado

◆

ISBN: 978-84-128275-2-1
THEMA: DC DCF
Depósito legal: MA 2416-2024

◆

Impreso en España por Safekat · Printed in Spain
Bajo el cuidado de Rubén González Domínguez

◆

El día 5 de marzo de 2024 en la librería Pérgamo en Madrid un jurado compuesto por Laura Casielles, César Cañedo y Paula Melchor han decidido otorgar por unanimidad el segundo Premio de Poesía Letraversal al libro *Todos los nombres beben* (con título provisional *Camín de l'agua*). Han destacado la mesura, la lentitud y el remanso en el que pace el libro para ir construyendo las imágenes con sosiego, a su propio ritmo, alejándose de la inmediatez y la aceleración de estos tiempos. Este poemario nos acerca al pueblo, a la memoria, y lo hace revisando los lugares y las personas que habitan estos espacios olvidados, los que no se nombran, mediante una poesía que, en palabras de Paula Melchor, se derrama de las manos.

◆

◆

LETRAVERSAL
www.letraversal.com

PRÓLOGO

Cuando yo era pequeño y usaba gorra de tenis me decían que me parecía a mi abuelo Emilio porque siempre que íbamos al campo y me daba el sol se me calentaba la piel mucho y me ponía tan moreno como él.

Hubo un verano que no pudimos ir al campo porque no había llovido casi y no había agua en el pozo y yo no me puse moreno y dejé de parecerme a la familia de mi madre y pensé que entonces ya nada. Que si no los llevaba en el cuerpo los perdería.

Tuve la suerte de estar presente el día que se anunció a Fran como ganador del premio Letraversal de este año. Junto a una pequeña introducción, se proyectó un vídeo de él mismo, en una habitación blanca, recitando uno de los poemas que este libro contiene, con calma, como el orvallo, decía *hay algo siniestro / en la doma de la bestia / en el nombre de las cosas / en la urbanización del instinto / en la herramienta...*

La sala hizo silencio. Luego. El aplauso.

Recuerdo salir de allí repasando el poema en mi cabeza una y otra vez, o de lo que me acordaba, las triadas de palabras como una trenza y el asturiano de su boca encontrando enseguida una forma castellana como la criatura de un eco.

El gusto de la pausa. Luego. La huida.

Qué emoción, pensé, que este texto exista en un lar alejado, porque si hasta aquí suena el río llevará el agua y yo ya estoy calao'.

¿Había sido un flechazo poético? Eso creo.

Poco tiempo después, recibí un mensaje de Ángelo proponiéndome ser la madrina del libro, «aunque las formas son muy distintas, veo su universo y veo el tuyo y siento que se tocan», añadía al terminar. Me puse, siendo honestos, nerviosísimo, pero acepté al instante y con el cuerpo eléctrico de todas las primeras veces pensé qué suerte, sobre todo, qué suerte poder leerlo ya. Y me lo bebí de un trago, como cuando llegas a casa tras un día de calorcalor y eres un perro y has corrido hasta el portal con la lengua fuera, y me lo bebí tan rápido y no esperaba que estuviera tan frío que me pinchó en la cabeza y luego me pinchó en el pecho y dije

uau!

Siento que Fran no ha escrito estos poemas, los ha cosido, posiblemente se ha hecho una heridina con la aguja y ha sangrado encima. Después ha ido a un bosque que conoce de sobra y allí ha cavado un hoyo para ellos, les ha dado agua del río cuando tenían sed y les ha cantado unas nanas oscuras de las que dan miedo, pero te hacen dormir. Ahora los mira de cerca y espera a que vengamos de visita.

Todos los nombres beben nos habla en dos lenguas a la vez con un mismo cuerpo y crece a raíz desnuda en múltiples direcciones. Es un mapa, un álbum de fotos, un herbario, un pequeño cuaderno, un árbol genealógico, la hoja de un haya. Fran nos tiende una mano *al principio me imagino hasta que se te hagan los ojos rapacín* dice, *con la otra chasquea los dedos me imagino ese es el camino del agua* dice. Repite todos los nombres en voz alta porque así los hace visibles, presentes, suyos, y no tiembla al articular lo oscuro ni lo violento, se zambulle en el barro porque sabe que allí encontrará la memoria de todo lo que una vez estuvo vivo. Una memoria que se aleja de ser único cauce para convertirse en tejido rizomático. La oscuridad cría patatas y babosas. La limpia con cuidado, le afila los bordes y nos la confía, para que por un momento también pueda ser nuestra. Yo, que nunca en mi vida había visto un hórreo, he sentido al corzo huyendo tras las campanas de la iglesia, me he acostado al lado de haya, le he pedido consejo y nos ha llovido encima. Ojalá podáis hacer lo mismo.

Mi abuela Carmen, cuando le pregunto por su madre, me dice *la abuela Cecilia* como si yo fuese su hijo, eso me encanta *y lo de allá arriba/más arriba/ no hay quien lo entienda.*

JUAN CARLOS PANDURO
(Madrid, julio 2024)

daquella agua/ agua agora

los nomes qu'asocedan
nun seyan mineral
entá xenealoxía.

paézase entós
l'árbol al fósil

/

                              /

semiente d'antracita
en carne inxenuo
que cayera d'un llar alloñáu

los nombres que acontezcan
no sean mineral
aún genealogía.

se parezca entonces
el árbol al fósil

/

                    /

simiente de antracita
en carne ingenua
que había caído de un lar alejado

faya morrió ensin tener
un bañu na so casa.

haya murió sin tener
un baño en su casa.

baxa non tan llimpio
pero más
qu'en nenguna otra parte

onde nacen cuernos
y nacen ales
córtense y ḥachu
y esbíllase'l cantar
mentes la ropa
se llava colo frío
dacuando
piedres foriates.

baxa d'onde la borrina
fai cayer lo prieto/ lo prieto
nun ye
de los astros/ ye
del suelu
y de la llama/ más prieto

y lo d'allá/ más arriba
nun hai quien lo entienda.

sicasí baxa
y señala dellos caminos

ún
lleva a l'agua y a cristo
la paré llena crisálides
un accidente de tráficu

otru
lleva a lo prieto y al animal
y a l'agua tamién.

ellí
too lleva a l'agua.

baja no tan limpio
pero más
que en ninguna otra parte

donde nacen cuernos
y nacen alas
se cortan y hacha
y desgrana el cantar
mientras la ropa
se lava con lo frío
a veces
piedras de fuera.

baja de donde la niebla
hace caer lo negro/ lo negro
no es
de los astros/ es
del suelo
y de la llama/ más negro

y lo de allá arriba/ más arriba
no hay quien lo entienda.

aun así baja
y señala algún camino

uno
lleva al agua y a cristo
la pared llena de crisálidas
un accidente de tráfico

otro
lleva a lo negro y al animal
y al agua también.

allí
todo lleva al agua.

ella/ faya/ yera
dirá'l rellatu
madre de madres.

ella/ haya/ era
dirá el relato
madre de madres.

la escuridá cría
llimiagos y patates

too s'añica
nuna xornada
baxo'l sol del branu.

too viste les manes
que busquen ente les especies/
dalguna vez un mancatu
dalguna vez/ lleven lo fresco
a la boca abierta na ribera
y baxa encarnao o llimpio.

sentise'l tren venir
sin naide dientro
acordanza xiblante
mentes xime l'asfaltu
na nacional.

nun hai cinturón
nos asientos traseros.

la oscuridad cría
patatas y babosas

todo se mece
en una jornada
bajo el sol estivo.

todo viste las manos
que buscan entre las especies/
alguna vez un rasguño
alguna vez/ llevan lo fresco
a la boca abierta en la ribera
y baja encarnado o limpio.

sentirse el tren venir
sin nadie dentro
recuerdo sibilante
mientras gime el asfalto
en la nacional.

no hay cinturón
en los asientos traseros.

xubí cola mio ma a ver a xin
porque anguaño aínda queda daquién
qu'en navidá
acostuma la xente a morrese.

xin yera'l maríu texa/ hermana'l
mio güelu
que siempre me dicía
nun te conozo rapacín/ nun
te conozo
que de guaḥe debía
dir poco por allá.
morrió texa ensin conoceme
supónse.
xin ta dalgo aburríu dende entós.

subí con mi madre a ver a xin
porque hoy todavía queda alguien
que en navidad
acostumbra la gente a morirse.

xin era el marido de tila/ hermana
de mi abuelo
que siempre me decía
no te conozco chiquillo/ no
te conozco
que de niño debía
ir poco por allá.
murió tila sin conocerme
supongo.
xin está algo aburrido desde entonces.

cruxe'l pescuezu d'un conexu
lo mesmo qu'una nuez.
ye como quita-y
la cáscara.

mieu a nun saber
lo qu'hai dientro
si ente la xamasca
flores un día.

nel espeyu refléxense
les arrugues.

cruje el pescuezo de un conejo
lo mismo que una nuez.
es como quitarle
la cáscara.

miedo a no saber
lo que hay dentro
si entre la ramada
flores un día.

el espejo refleja
las arrugas.

una vegada vi
a faya coles manes
nudoses de tener floriao
asomar y escondese
nos bolsos del mandil/
la sorrisa que-y cayera
dende un llar alloñáu.

va munchu tiempu yá
cuando fui a conocer
la casa solombriega.

en una ocasión vi
a haya con las manos
nudosas de tener florecido
esconderse y doblar
los pliegues del mandil/
la sonrisa de milhojas
en un lar alejado.

ya hace mucho tiempo
cuando fui a conocer
la casa umbrosa.

virxe árbol
mesmu color
de too lo que t'arrodia.

virxe cabera de la salvia
rayu sele
del corciu que fuxe.

na viesca mineral
camín escaecíu.
daquién se t'apaez.

virgen árbol
mismo color
de todo lo que te rodea.

virgen última de la savia
rayo calmo
del corzo que huye.

del bosque mineral
sendero que se borra.
alguien se te aparece.

díxonos xin que l'agua
solo llegara ellí
cuando yá se marcharen
tolos ḥiyos

blimal
llamera
texa

carbayu
salgueru
alisu

ḥigal
castañu
ramín

/hebo dalgunos
que nunca espoxigaron
de los qu'aquella madre
nunca supo'l nome/

nos dijo xin que el agua
solo había llegado allí
una vez ya se habían marchado
todos los hijos

mimbrera
olma
tila

roble
sauce
alisa

higuera
castaño
ramito

/hubo algunos
que nunca medraron
de los que aquella madre
nunca supo el nombre/

cómo cruciar la buelga
cuando l'abeyar emburria.

d'esti llau cuesta tanto
caltener l'equilibriu
orientar la memoria
na so xusta midía.

pa buscar na colmena
un llar al qu'abrazase
hai que cruciar
aventurar la mano
hasta onde acabe'l frutu.

con too/ la magaya
termina por cubrir
esti discu imperfeutu.

aru madera
rede metal.

cómo cruzar la vereda
cuando el zumbido empuja.

de este lado cuesta mucho
mantener el equilibrio
orientar la memoria
en su justa medida.

para buscar en la colmena
un lar al que abrazarse
hay que cruzar
aventurar la mano
donde alcance la pulpa.

con todo/ el orujo
termina por cubrir
este disco imperfecto.

aro de madera
red de metal.

prole que crió sola
porque/ ocalitu
u ocalitón/ yera
padre dende lloñe
que se-y daba meyor la sidra
que dar solombra.
años más tarde
cuando casi tola viesca
morriera yá
una nieta púnxo-y
ocalitu
de nome a un carneru
y yera tan diañu l'animal
que namás cupo nos corazones
una vez esterráu.

prole que crio sola
porque/ eucalipto
o eucaliptón/ era
padre desde lejos
que se le daba mejor la sidra
que dar sombra.
años más tarde
cuando casi todo el bosque
ya descansaba
una nieta le puso
eucalipto
de nombre a un carnero
y era tan diablo el animal
que solo cupo en los corazones
una vez desterrado.

hai daqué siniestro
n'adoma de la bestia

nel nome de les coses
na urbanización del instintu

na ferramienta.

ḥesoria pradera ḥachu
ilesia escuela corte
traenta foguera carru.

cuál ye la definición
de lo malo
la llende ente lo puro
y lo perverso
ente'l reinu de dios
y l'animal

ónde la dixebra
ente l'orixe
y lo aprendío
la boca inocente
y la navaya.

con too/ a los animales
hai que querelos.

hay algo siniestro
en la doma de la bestia

en el nombre de las cosas
en la urbanización del instinto

en la herramienta.

azada rastrillo hacha
iglesia escuela cuadra
horca hoguera carro.

cuál es la definición
de lo malo
el linde entre lo puro
y lo perverso
entre el reino de dios
y el animal

dónde la frontera
entre el origen
y lo aprendido
la boca inocente
y la navaja.

con todo/ a los animales
hay que quererlos.

d'ente los hermanos
ramín/ de neñu
guardaba nel bolsu
cualquier escritu qu'atopaba

una fueya periódicu
o un recorte d'una esquela
y lleíalo munches vegaes
hasta que les lletres cayíen
una a una na so memoria
y atrás quedaben los restos
de lo que nun tresciende

en toda españa una pertinaz sequía
en toda espá/ una pertinaz sequía
en toda/ una pertinaz sequía.

paradoxa ye qu'ellí l'orbayu.

de entre los hermanos
ramito/ de niño
guardaba en el bolso
cualquier escrito que encontraba

una hoja de periódico
o un recorte de una esquela
y lo leía muchas veces
hasta que las letras caían
una a una en su memoria
y atrás quedaban los restos
de lo que no trasciende

en toda españa una pertinaz sequía
en toda espá/ una pertinaz sequía
en toda/ una pertinaz sequía.

paradoja es que allí el orballo.

al entamu ye
perfeutamente redonda

enriba onde naide
algama a coyela
n'estáu de plasma
col nucleu metálicu.

llueu cai
faise terrenal
materia firidora
corrómpise
como'l cuerpu
cristo.

pa salvala
hai que quita-y
un casquete
cola navaya

si non

españa dientro'l fornu.

al comienzo es
perfectamente redonda

arriba donde nadie
alcanza a cogerla
en estado de plasma
con el núcleo metálico.

luego cae
se hace terrenal
materia hiriente
se corrompe
como el cuerpo
de cristo.

para salvarla
hay que quitarle
un casquete
con la navaja

si no

españa dentro del horno.

Del asturiano «españa» se puede hacer la traducción «explota»
(verbo) o «España» (nombre propio).

dixéronme que ramín yera
tan flacu como yo/ de mozu.
dempués de los trenta
camudó-y el cuerpu
ente vasu vinu
nel chigre'l camín
y cabruñar la gadaña
na escalera l'horru
y un día soleyeru
morrió d'un infartu/
que tuviera un corazón grande
nel que cupieran toles besties.
fixo abondes coses
llavó
mineral
segó
los praos
fue a suiza y volvió
y casó con andrina
que-y dicía ra/ dios
de la vida/ ra
fai esto o fai aquello
y él/ vida ónde ta lo ún
o lo otro/ vida
güei nun me siento conexu.

me dijeron que ramito era
tan flaco como yo/ de joven.
después de los treinta
le cambió el cuerpo
entre vaso de vino
en el bar del cruce
y afilar la guadaña
en la escalera del hórreo
y un día de sol
murió de un infarto/
que había tenido un corazón grande
en el que habían cabido todas las bestias.
hizo muchas cosas
lavó
mineral
segó
los prados
fue a suiza y volvió
y se casó con andrina
que le decía ra/ dios
de la vida/ ra
haz esto o haz aquello
y él/ vida dónde está lo uno
o lo otro/ vida
hoy no me siento conejo.

pa doblar lo frío
fai falta la piedra
y fai falta'l golpe
la mano llevantada
y la mano que cai.

lo frío y el golpe
pa xebrar la tierra
de lo llantao.

pa doblar lo tienro/ basta
xintar dempués
dalgo na cocina.

para doblar lo frío
hace falta la piedra
y hace falta el golpe
la mano levantada
y la mano que cae.

lo frío y el golpe
para separar la tierra
de lo plantado.

para doblar lo tierno/ basta
comer después
algo en la cocina.

andrina y ra escuchaben la pirenaica
escondíos ente les sábanes
de la casa vieya/ la d'abaxo
onde nació la prole/
la mio ma y les mios tíes/ una
acibre/ la del carneru
en sanxuan de les agües.

andrina y ra escuchaban la pirenaica
escondidos entre las sábanas
de la casa vieja/ la de abajo
donde nació la prole/
mi madre y mis tías/ una
acibre/ la del carnero
en sanxuan de les agües.

la señal vien
escrita pol so periodu
y el so llargor d'onda/
pola fase y pol ruíu.

dellos milagros formen
parte inherente
del espectru de radio.

facelos realidá
ye cuestión
de guetar la frecuencia
de resonancia.

la xénesis
complementario
tien naturaleza
corpuscular.
faise coles manes.

la señal viene
escrita por su periodo
y su longitud de onda/
por la fase y por el ruido.

algunos milagros forman
parte inherente
del espectro de radio.

hacerlos realidad
es cuestión
de buscar la frecuencia
de resonancia.

la génesis
complementaria
tiene naturaleza
corpuscular.
se hace con las manos.

entós ellí
naquel pueblu
al calor d'aquella corte
morrió'l mio güelu
y nació la mio güela
que tuvo cinco hermanes

miragüétanu
andrinal

argaña
sanxuanina

cairueta

y hasta equí los nomes
porque andrinal/ padre
morrió na guerra
nel país vascu/ dizse
y mariselva/ madre
quedó sin máquina de coser.

máquina prometida
milenta vegaes
cuando padre
diba a trabayar
a la teyera/ que nun
s'acordaba nunca
el mio inocente/
y llueu marise
compróles/ dos
y dicía-y a la nieta
enḥílame l'aguya ḥiya
y rezaba cada nueche
enantes d'echase.

entonces allí
en aquel pueblo
al calor de aquella cuadra
murió mi abuelo
y nacieron mi abuela
y sus cinco hermanas

meruéndano
endrino

argaña
alheñita

rosanívea

y hasta aquí los nombres
porque endrino/ padre
murió en la guerra
en el país vasco/ dicen
y mariselva/ madre
quedó sin máquina de coser.

máquina prometida
un ciento de veces
cuando padre
iba a trabajar
a la tejera/ que no
se acordaba nunca
inocente mío/
y luego marise
las compró/ dos
y le decía a la nieta
enhébrame la aguja hija
y rezaba cada noche
antes de echarse.

la fala contién
un amor y una promesa
un escaezu
una plegaria
un quexíu/
lo que se quixo.
dios ta na fala.
un xatu ta na fala.
una aguya y un mancatu
un tiru que traviesa
too/ ta na fala.

nel silenciu
xélase'l cayer calmu
de los astros
cúbrese col sable'l camín.
solo hai una nueche.

el habla contiene
un amor y una promesa
un olvido
una súplica
un lamento/
lo que se quiso.
dios está en el habla.
un ternero está en el habla.
una aguja y una herida
un tiro que atraviesa
todo/ está en el habla.

en el silencio
se hiela el caer calmo
de la huida celeste
se cubre de arena el camino.
solo hay una noche.

namás-y pidía a diosín
polos muertos/ que los vivos
ya pidíen por ellos
y fixo un montaxe
fotográficu
xuntando una semeya suya
y otra de padre
venti años más mozu.
so suegra que vivía
na mesma casa
casa pegada a la corte
cayó de la tenada
y morrió.

nada más le pedía a diosito
por los muertos/ que los vivos
ya pedían por ellos
e hizo un montaje
fotográfico
juntando una imagen suya
y otra de padre
veinte años más joven.
su suegra que vivía
en la misma casa
casa pegada al establo
se cayó del pajar
y murió.

la ponte piedra llamárase
un día la ponte madera.
baxaba l'agua / la ponte crecía / diben
tolos nomes a beber ellí.
baxaba'l ragu lenta
los nomes medraben / la piedra inocente
llamárase un día carne.
tolos nomes diben a beber ellí.

el puente de piedra se había llamado
un día el puente de madera.
bajaba el agua / el puente crecía / iban
todos los nombres a beber allí.
bajaba el rayo lento
los nombres medraban / la piedra inocente
se había llamado un día carne.
todos los nombres iban a beber allí.

corciu firíu avanza
sentíu del tanxer de les campanes
flecha que nun se detién
llume no más fondo/
na quema prieto
camuda'l vinu
vaporiase la nueche/ virxe
nel cáliz pido agua
nel cáliz pido/ fráxil
mineral por raigañu.
na carne tolos nomes beben.

corzo herido avanza
sentido del tañer desde la iglesia
flecha que no se detiene
lumbre en lo más hondo/
en la quema negro
transforma el vino
se evapora la noche/ virgen
en el cáliz pido agua
en el cáliz pido/ frágil
mineral por arraigo.
todos los nombres beben en la carne.

dempués de que por fin
daquién llevara l'agua a casa faya
gracies a dalguna inxeniería
elemental
p'asina nun dir
más a la fonte/ dempués
hebo agua pero non bañu.

después de que por fin
alguien llevara el agua a casa de haya
gracias a alguna ingeniería
elemental
para así no ir
más a la fuente/ después
hubo agua pero no baño.

en branu a vegaes
turbio
vete a sanxuan
venga apurri
dos garrafes
tan frío presta
la bici
la ponte piedra
cuidao nun cayas
una ramina
el reflexu los deos
berrones
a vegaes turbio
nun bebas
güei baxa asina
tu xubi a sanxuan
nun cuerras.

un cañu arriba
púnxolu to güelu
namás lleva
una botella vacía
de dos llitros
de coca-cola.
nun sabe a nada
oyisti/ ye
como beber un trozu cielu
a to ma présta-y más
que sepa a ríu
pero güei turbio
o güei fálta-y
que-y echen
una gotuca cloro
asina que güei
fonte sanxuan
y botella plástico.

en verano a veces
turbia
vete a sanxuan
venga lleva
dos garrafas
tan frío da gusto
la bici
el puente de piedra
cuidado no te caigas
una ramita
el reflejo de los dedos
renacuajos
a veces turbia
no bebas
hoy baja así
tú sube a sanxuan
no corras.

un caño arriba
lo puso tu abuelo
solo lleva
una botella vacía
de dos litros
de coca-cola.
no sabe a nada
oíste/ es
como beber un trozo de cielo
a tu madre le gusta más
que sepa a río
pero hoy turbia
u hoy le falta
que le echen
una gotita de cloro
así que hoy
fuente sanxuan
y botella de plástico.

l'agua namás llegó
a la planta baxa
pero yera arriba onde
fondu circular y prietu
como un güeyu pega
baxaba/ bien seguro
ellí onde la escuridá
cría llimiagos
hasta'l centru mesmu del mundiu
un furacu.

el agua solo llegó
a la planta baja
pero era arriba donde
hondo circular y negro
como un ojo de córvido
bajaba/ bien seguro
allí donde la oscuridad
cría babosas
hasta el centro mismo del mundo
un agujero.

el magre húmedo
camude'l so arume

muérganu de merucos.

/

                        /

y llueu enxendrara la faya.

la arcilla húmeda
mude su aroma

órgano de lombrices.

/

          /

y luego había engendrado el haya.

vete a sanxuan
venga apurri
dos garrafes
tan frío presta
la bici

EPÍLOGU

Fran y yo nun tábemos xuntos la primer vez que, de pequeños, vimos un llimiagu nel güertu baxo'l sol de primavera. Yo tampoco nun tuvi con él sintiendo cruxir el pescuezu d'un conexu, nin él vio la navaya de mio bisagüela enllena sangre de pita. Nunca nun atopé a Ramín cabruñando la gadaña na escalera l'horru, nin él a mio ma cola nariz rota de tener cayío d'esa escalera. Nun creo que Ramín llavara mineral con mio güelu, anque sí pueo imaxinar qu'Andrina y Ra convidaran al mio pariente Agustín a escuchar La Pirenaica ente les sábanes.

Lo cierto ye que tuvieron que pasar dieciocho años hasta que Fran y yo coincidimos espaciutemporalmente: foi na Facultá de Ciencies d'Uviéu. Detrás d'aquel lladriyu colorao aprendimos que *la xénesis complementario tien naturaleza corpuscular* y namorámonos de la xeometría en toles sos vertientes: poétiques, físiques, musicales. Namás acabar la carrera dexamos de venos: foi nesi periodu cuando dexé de merendar con Fran lo que nun *españa dientro'l fornu* y cuando él yá nun lleó conmigo a Valentine Penrose: *roxa, el to golor ye'l del boxe d'España*.

Diez años dempués volvimos a alcontranos gracies al poemariu que tienes ente les manes: un regalu pa la lliteratura n'asturianu y n'especial pa min, por tola guapura que desencadenó. *Tolos nomes beben* faime abarruntar que'l tiempu sí ta embebíu nuna cinta Moebius: al través de los poemes viaxo a la primer vez que Fran y yo, mano a mano, vimos un llimiagu, y la paradoxa yá nun esiste. De pequeños garramos la bici xuntos y taba frío y prestaba,

vete a sanjuan
venga lleva
dos garrafas
tan frío da gusto
la bici

EPÍLOGO

Fran y yo no estábamos juntos la primera vez que, de pequeños, vimos una babosa en el huerto bajo el sol de primavera. Yo tampoco estaba con él oyendo crujir el pescuezo de un conejo, ni él vio la navaja de mi bisabuela llena de sangre de gallina. Nunca me encontré con Ramín afilando la guadaña en la escalera del hórreo, ni él a mi madre con la nariz rota por haberse caído de esa escalera. No creo que Ramín lavara mineral con mi abuelo, aunque sí puedo imaginar que Andrina y Ra invitasen a mi pariente Agustín a escuchar La Pirenaica entre las sábanas.

Lo cierto es que tuvieron que pasar dieciocho años hasta que Fran y yo coincidimos espaciotemporalmente, fue en la Facultad de Ciencias de Oviedo. Detrás de aquellos ladrillos rojos aprendimos que *la génesis complementaria tiene naturaleza corpuscular* y nos enamoramos de la geometría en todas sus vertientes: poéticas, físicas, musicales. Al terminar la carrera dejamos de vernos: fue en ese período cuando dejé de merendar con Fran lo que no *españa dentro del horno* y cuando él ya no leyó conmigo a Valentine Penrose: *rubia, tu olor es el del boj de España*.

Diez años después hemos vuelto a encontrarnos gracias al poemario que tienes entre las manos: un regalo para la literatura en asturiano y en especial para mí, por toda la belleza que ha desencadenado. *Todos los nombres beben* me hace sospechar que el tiempo sí está embebido en una cinta de Moebius: a través de los poemas viajo a la primera vez que Fran y yo, mano a mano, vimos una babosa, y la paradoja ya no existe. De pequeños cogimos y ficimos toles coses del primer párrafu. La fala construí'l presente y el pasáu porque *dios ta na fala*, o meyor, un *xatu ta na fala*, ye dicir que dios ye un xatu, y que tou xatu ye divinu, y que la fala ye demiurga y ye berrona. A la nuestra fala, Fran da-y lleche onírico fermoso pa que siga medrando en toles direiciones.

MARÍA GARCÍA DÍAZ
(Madrid, mayu de 2024)

la bici juntos y hacía frío y daba gusto, e hicimos todas las cosas del primer párrafo. El habla construye el presente y el pasado porque *dios está en el habla*, o mejor, un *ternero está en el habla*, es decir que dios es un ternero, y que todo ternero es divino, y que el habla es demiurga y es berreona. A nuestra habla, Fran le da hermosa leche onírica para que siga medrando en todas direcciones.

MARÍA GARCÍA DÍAZ
(Madrid, mayo de 2024)

AGRADECIMIENTOS

Tolos nomes beben ye'l llibru que sostienes ente les tos manes gracies a delles persones. Primero, l'equipu de Letraversal, que dio cabida a una propuesta como esta; Ángelo Néstore supo escuchar con cariñu y entender los tiempos y circunstancies que requería'l poemariu. Pela so parte, María García Díaz aconseyóme bien y dende una perspeutiva mui cercana al espíritu del testu, faciendo una llectura seria y atenta del orixinal. De la mesma manera, Juan Carlos Panduro amadrinó esti llibru revisando les sos páxines con procuru y criteriu, tan importante. Gracies a toes elles estos poemes acabaron por arraigonar en terrenu fértil. Amás, fixaríeste en qu'hai una raíz, hai un rayu, *hai una fonte* gracies a Carme Ayala, quien recoyó con aciertu los poemes nuna portada consonante col testu que me fixo reforciar darréu delles imáxenes. Finalmente, gracies a la mio familia y a toles mios amigues que lleen y comparten poesía conmigo.

AGRADECIMIENTOS

Todos los nombres beben es el libro que sostienes entre tus manos gracias a varias personas. Primero, el equipo de Letraversal, que dio cabida a una propuesta como esta; Ángelo Néstore supo escuchar con cariño y entender los tiempos y circunstancias que requería el poemario. Por otra parte, María García Díaz me aconsejó bien y desde una perspectiva afín al espíritu del texto, haciendo una lectura rigurosa y atenta del manuscrito. De igual manera, Juan Carlos Panduro amadrinó este libro revisando sus páginas con cuidado y criterio, tan importante. Gracias a todas ellas estos poemas acabaron por arraigar en terreno fértil. Además, te habrás fijado que hay una raíz, hay un rayo, *hay una fuente* gracias a Carme Ayala, quien recogió con acierto los poemas en una portada consonante con el texto que me hizo reforzar seguidamente algunas imágenes. Finalmente, gracias a mi familia y a todas mis amigas que leen y comparten poesía conmigo.

ÍNDICE

013 _ los nombres que acontezcan

015 _ *haya murió sin tener*

017 _ baja no tan limpio

019 _ *ella/ haya/ era*

021 _ la oscuridad cría

023 _ *subí con mi madre a ver a xin*

025 _ cruje el pescuezo de un conejo

027 _ *en una ocasión vi*

029 _ virgen árbol

031 _ *nos dijo xin que el agua*

033 _ cómo cruzar la vereda

035 _ *prole que crio sola*

037 _ hay algo siniestro

039 _ *de entre los hermanos*

041 _ al comienzo es

043 _ *me dijeron que ramito era*

045 _ para doblar lo frío

047 _ *andrina y ra escuchaban la pirenaica*

049 _ la señal viene

051 _ *entonces allí*

053 _ el habla contiene

055 _ *nada más le pedía a diosito*

057 _ la ponte piedra llamárase

059_ corzo herido avanza

061 _ *después de que por fin*

063 _ en verano a veces

065 _ *el agua solo llegó*

067 _ la arcilla húmeda

La primera edición de *Todos los nombres beben*
se terminó de imprimir por encargo de Letraversal
el 30 de julio de 2024. Ese mismo día de 1876 concluía Leopoldo
Alas Clarín uno de sus primeros cuentos en los que ya estaban
presentes: la tierra, la casa, la asturiana umbría orvallando
y la única forma de rehuir del frío de afuera —dice—
es en el adentro *al calor de la propia casa incendiada.*

◆◆◆